JN155781

坂道を前に

人生を走る人への声援メッセージ

吉持　章

いのちのことば社

はじめに

箱根駅伝には峠を挟んで激しい汗の往路があり、復路には感謝と感激の涙があります。峠に向かう往路の人にも、上った坂を必死で下る復路の人にも、必要なのは沿道からの熱い声援と激励です。沿道からの声援は短く、強く、率直でなければなりません。短く強く率直な声援こそ、走者に強い気力と忍耐力を与えるからです。

この小冊子は沿道からの一声援として、人生のさまざまな局面を生きる人々に向けてのメッセージです。往路の人にも復路の人にも読んでいただければ幸いです。

パウロは言います。

「競技場で走る人たちはみな走っても、賞を受けるのは一人だけだということを、あなたがたは知らないのですか。ですから、あなたがたも賞を得られるように走りなさい。競技をする人は、あらゆることについて節制します。彼らは朽ちる冠を受けるためにそうするのですが、私たちは朽ちない冠を受けるためにそうするのです」

（Ⅰコリント9章24、25節）

目指すは朽ちない冠です。

二〇一八年十一月一日　　　初冬に

目次

人生の復路を行く人へ

人生の往路を走る人へ

1　万事を益に変えてくださるお方

神を愛する人たち、すなわち、神のご計画にしたがって召された人たちのためには、すべてのことがともに働いて益となることを、私たちは知っています。

（ローマ8章28節）

私たちの主イエス・キリストの父である神がほめたたえられますように。神はキリストにあって、天上にあるすべての霊的祝福をもって私たちを祝福してくださいました。すなわち神は、世界の基が据えられる前から、この方にあって私たちを選び、御前に聖なる、傷のない者にしようとされたのです。

（エペソ1章3、4節）

郵便はがき

恐縮ですが
切手を
おはりください

164-0001

東京都中野区中野 2-1-5

いのちのことば社

出版事業部行

ホームページアドレス　http://www.wlpm.or.jp/

お名前	フリガナ	性別	年齢	ご職業
		男・女		
ご住所	〒	Tel.　（　　）		
所属(教団)教会名		牧師　伝道師　役員　神学生　CS教師　信徒　求道中　その他　該当の欄を○で囲んで下さい。		

アドレスをご登録下さい！

携帯電話 e-mail:

パソコン e-mail:

新刊・近刊予定、編集こぼれ話、担当者ひとりごとなど、耳より情報を随時メールマガジンでお送りいたします。お楽しみに！

ご記入いただきました情報は、貴重なご意見として、主に今後の出版計画の参考にさせていただきます。その他、「いのちのことば社個人情報保護方針（http://www.wlpm.or.jp/info/privacy/）」に基づく範囲内で、各案内の発送などに利用させていただくことがあります。

いのちのことば社＊愛読者カード

本書をお買い上げいただき、ありがとうございました。
今後の出版企画の参考にさせていただきますので、
お手数ですが、ご記入の上、ご投函をお願いいたします。

書名

お買い上げの書店名

町
市　　　　　　　　書店

この本を何でお知りになりましたか。

1. 広告　いのちのことば、百万人の福音、クリスチャン新聞、成長、マナ、
信徒の友、キリスト新聞、その他（　　　　　　　　）
2. 書店で見て　3. 小社ホームページを見て　4. 図書目録、パンフレットを見て
5. 人にすすめられて　6. 書評を見て（　　　　　　　　）
7. プレゼントされた　8. その他（　　　　　　　　）

この本についてのご感想。今後の小社出版物についてのご希望。

◆小社ホームページ、各種広告媒体などでご意見を匿名にて掲載させていただく場合がございます。

◆愛読者カードをお送り下さったことは（　ある　初めて　）
ご協力を感謝いたします。

出版情報誌　月刊「いのちのことば」1年間　1,200円（送料サービス）

キリスト教会のホットな話題を提供!（特集）
いち早く書籍の情報をお届けします！（新刊案内・書評など）

□見本誌希望　　□購読希望

私の家には戴《いただ》き物《もの》の電波時計があります。面倒な時間合わせをする必要はありません。時計が電波を受信して、ぴったり時間を合わせるという優《すぐ》れ物《もの》です。

同じように人生も神にぴったり焦点を合わせていれば、神がすべてを相《あい》働かせて万事を益に変えてくださるのです。

しかしなんと多くの人々が、万事が益に変えられるどころか、事態はどんどん悪化の一途に向かっていると感じていることでしょうか。なぜでしょう。それは電波の操作が待ちきれず、自分から手出しをしてしまうからです。神にゆだねた後はしっかり信じて待ちきることが大切です。同じように人生のちぐはぐも、信じてゆだね待ち望んでいれば、神がきっちり整理してくださいます。必要なのは忍耐です。

「その忍耐を完全に働かせなさい」（ヤコブ1章4節）

旧約聖書のヨセフの生涯（創世記37～47章）は、災いから始まり神によってすべてが祝福に転じた実話です。聖書は言います。「あなたがたが神のみこころを行って、約束のものを手に入れるために必要なのは、忍耐です」（ヘブル10章36節）と。信じて待ちきることです。

2　苦難は希望の苗代

このキリストによって私たちは、信仰によって、今立っているこの恵みに導き入れられました。そして、神の栄光にあずかる望みを喜んでいます。それだけではなく、苦難さえも喜んでいます。それは、苦難が忍耐を生み出し、忍耐が練られた品性を生み出し、練られた品性が希望を生み出すと、私たちは知っているからです。この希望は失望に終わることがありません。なぜなら、私たちに与えられた聖霊によって、神の愛が私たちの心に注がれているからです。

（ローマ5章2〜5節）

苦難の畑には希望が芽生えます。それは「苦難が忍耐を生み出し、忍耐が練られた品性を生み出し、練られた品性が希望を生み出す」とあるからです。だから、苦難の畑からは確かな希望が芽生えるのです。

私の人生には人一倍の苦難があるなと思えるなら、あなたはだれよりも希望の近くにいるのです。今の辛く、苦しい状態の中でもがき苦しみながら、その試練を通して不要な棘《とげ》や苛立《いらだ》ちの胆汁が抜き取られ、練られた品性が育てられつつあるからです。

「希望」の畑は、試練と逆境の鋤《すき》でよく耕された畑です。私たちの希望の創始者であられるイエスもまた、同じ教科を通されて完成されたお方です。「キリストは、肉体をもって生きている間、自分を死から救い出すことができる方に向かって、大きな叫び声と涙をもって祈りと願いをささげ、その敬虔のゆえに聞き入れられました」（ヘブル5章7節）とあるとおりです。主のご生涯は苦難と涙の連続でした。

「今わたしの心は騒いでいる。何と言おうか。『父よ、この時からわたしをお救いください』と言おうか。いや、このためにこそ、わたしはこの時に至ったのだ」（ヨハネ12章27節）

3　これから往路を行く人に

愛は寛容であり、愛は親切です。また人をねたみません。愛は自慢せず、高慢になりません。礼儀に反することをせず、自分の利益を求めず、苛立たず、人がした悪を心に留めず、不正を喜ばずに、真理を喜びます。すべてを耐え、すべてを信じ、すべてを望み、すべてを忍びます。愛は決して絶えることがありません。

（Ｉコリント13章４～８節）

聖書の示す愛の行為は「愛は寛容であり、愛は親切です」と二点だけが肯定形で、そこから先は「ねたみません」「自慢せず」「高慢になりません」「礼儀に反することをせず」「自分の利益を求めず」「苛立たず」「人がした悪を心に留めず」「不正を喜ばず」と計八つもの禁止が挙げられています。

人は自分にできなかったことはよく記憶しますが、やりすぎの八項目には鈍感です。人の暮らしぶりを「ねたましく」思ったり、人をほめているようで結局は「自慢」していたり、上司との関係には過剰なまでに気を遣い、後輩には大層な〝非礼〟を重ねていたり、いつも〝自分の利〟ばかりを優先させ、面倒はみな人に押しつけてはこなかったでしょうか。

あなたの一日の「感謝」と「苛立ち」の時間の比率はどうでしょう。人の過ちはしつこく覚え、自分は毎日山ほどの不快さをばらまいてはいませんか。

愛とは「すべてを耐え、すべてを信じ、すべてを望み、すべてを忍」ぶこと（Iコリント13章7節）です。今日も勇敢に「愛を追い求め」（同14章1節）ていきましょう。

4　愛はねたみません

愛は寛容であり、愛は親切です。また人をねたみません。愛は自慢せず、高慢になりません。

（Ｉコリント13章4節）

人の心は何よりもねじ曲がっている。それは癒やしがたい。だれが、それを知り尽くすことができるだろうか。

（エレミヤ17章9節）

ねたみは敗北のしるしです。だからねたみは勝者の心には宿らず、敗北者の心にのみ宿るものです。福音の本当の真価が分かれば、「飢えも、裸も、危険も、剣も私たちをキリストの愛から離すことはできないのです」（ローマ8章35節参照）。キリストの強い愛が、弱い私をしっかりつかまえていてくれるからです。

主はあるとき、こんな話をされました。「天の御国はまた、良い真珠を探している商人のようなものです。高価な真珠を一つ見つけた商人は、行って、持っていた物すべてを売り払い、それを買います」（マタイ13章45、46節）と。

以来この高価な真珠一つが、商人の心に自信と満足をもたらします。そしてその喜びによって、日々迫り来るいかなる誘惑も脅しもはねのけて、「私たちの主キリスト・イエスにある神の愛から、私たちを引き離すことはできません」（ローマ8章39節）と聖書は言います。

キリストの〝全き愛〟に満たされた人は、ねたむどころか、かえって人々を祝福に導く祝福の人に変えられるのです。だから人をねたまず、祝福の人とされたいものです。

5 愛は自慢せず

愛は寛容であり、愛は親切です。また人をねたみません。愛は自慢せず、高慢になりません。

（Ⅰコリント13章4節）

一行はカペナウムに着いた。イエスは家に入ってから、弟子たちにお尋ねになった。「来る途中、何を論じ合っていたのですか。」彼らは黙っていた。来る途中、だれが一番偉いか論じ合っていたからである。

（マルコ9章33、34節）

若者は未来を語り、老人は過去を語る。十二弟子の旅路の中心課題は「だれが一番偉いか」でした。なぜ人は自慢したがるのでしょうか。それは相手より自分を高い位置に置きたいからです。すなわち「俺のほうがお前より物知りで、上司なんだから俺に従え」と誇りたいのです。端的に言えば人はいつも他人と自分を比較し、自分を優位に置きたがるのです。

あなたは機械時計を分解し、その部品の重さや大きさでその存在価値を計るでしょうか。またその部品の配列順でその優劣を決めるでしょうか。そうではないでしょう。人の尊厳はその人の持つ能力だけでは計れません。

人格というものがあるのは、神が人をご自身の〝かたち〟すなわちペルソナ（位格）を持つものとして創造されたからです。人は神の位格のかたちを分与された存在だから一人一人が尊いのであり、その才能や特技だけで人の優劣を決めてはならないのです。

体の肢体《したい》がみな完全に一元化されているように、人格も神の前にはみな平等です。真の豊かさとは、各人に与えられた神の「かたち」のゆえです。だから人は互いに尊いのです。

6　愛は高慢になりません

愛は寛容であり、愛は親切です。また人をねたみません。愛は自慢せず、高慢になりません。

（Ｉコリント13章４節）

人の心の高慢は破滅に先立ち、謙遜は栄誉に先立つ。

（箴言18章12節）

「高慢」とは思い上がって人をあなどることです。高慢の「慢」には、「あなどる」という意味があります。イソップの「兎と亀《うさぎ》」のお話では、兎は亀を見て、大いにこれをあなどり、「まずは一休み」と居眠りをしてしまいます。目覚めたときには亀はすでにゴール寸前で、地団駄《じだんだ》踏みますが時すでに遅し。しかしなんと多くの人がこの一度限りの貴重な人生を高慢ゆえに棒に振っていることでしょう。

「愚か者は心の中で『神はいない』と言う。／彼らは腐っていて　忌まわしいことを行う。／善を行う者はいない」（詩篇14篇1節）

高慢の典型としてイエスはこんな譬《たと》えを話されました。ある農園主が大豊作で、それを納めるために倉を大きく建て直し、自分のたましいに言いました。「わがたましいよ、これから先何年分もいっぱい物がためられた。さあ休め。食べて、飲んで、楽しめ」。すると神は彼に「愚か者、おまえのたましいは、今夜おまえから取り去られる。おまえが用意した物は、いったいだれのものになるのか」と問われました（ルカ12章19、20節）。

お互い高慢にならず、謙虚でありたいものです。

7　愛は礼儀に反することをせず

礼儀に反することをせず、自分の利益を求めず、苛立たず、人がした悪を心に留めず。

（Ⅰコリント13章5節）

さて、兄弟たち、私たちの主イエス・キリストの名によって、あなたがたにお願いします。どうか皆が語ることを一つにして、仲間割れせず、同じ心、同じ考えで一致してください。

（Ⅰコリント1章10節）

普通、愛と言えば、「愛は寛容であり」と、「寛容」がいの一番に挙げられます。そして言うのです。「寛容」なんだから少々外れていても柔軟に対応すればよいではないかと。実は私もこの「寛容」を隠れ蓑《みの》にしてきたことを反省します。諺《ことわざ》に〝親しき仲にも礼儀あり〟とあるように、親しさがいつしかルーズさ、非礼さを呼び込み、人間関係をこじらせていきます。

「愛は礼儀に反することをせず」です。礼儀とは誠実な慎みのことです。不誠実や曖昧さとは何の関わりもありません。愛だから、寛容だから、これぐらいのことは大目に見ても、と思うのは、愛の大きな履《は》き違えです。

使徒パウロは、コリント教会の大混乱がこの寛容理解の誤りにあることを見抜いていました。

礼儀の基本は「明るい挨拶」「周囲への誠実な感謝」「自分にされたくないことは人にも決してしない」の三点です。神が引かれた、愛と非礼の境界線を勝手に引き直してはなりません。

人に愛される爽やかな人とは、礼儀の人ではありませんか。愛は礼儀に反することをしないのです。

8　愛は自分の利益を求めず

礼儀に反することをせず、自分の利益を求めず、苛立たず、人がした悪を心に留めず。

（Ｉコリント13章5節）

だれでも、自分の利益を求めず、ほかの人の利益を求めなさい。

（Ｉコリント10章24節）

なにごとにつけ人は、一つの行動に先立ちまず考えることは、それが自分にとって益になるか不利になるかということです。そして多くの場合、その判断基準は自分の都合です。しかし愛の基点はエゴではなく、相手でなければなりません。

たとえば私が妻に「それ、今すぐ電話して、さっぱりしたら？」と言いますと、家内は「今は○○の時間です。もう少し後のほうがよいと思います」と答えます。この場合、私は自分の「さっぱり」を優先し、妻は「先方の都合」を中心に考えています。

一事が万事、時間の設定、場所の指定、すべてを自分の都合で進めてはいませんか。そこが「愛」と「エゴ」との分岐点です。お互い自分にとって、大切な人とはだれでしょう。自分中心の要領のよい人でしょうか。それとも隣人中心の人でしょうか。相手の心の中の「大切な人リスト」の上位に自分の名が記され、自分の心の中の「大切な人リスト」の上位に相手の名を記している人は幸いです。

「人の子も、仕えられるためではなく仕えるために、また多くの人のための贖いの代価として、自分のいのちを与えるために来たのです」（マルコ10章45節）

これがキリスト者の目標です。

9　愛は苛立たず

礼儀に反することをせず、自分の利益を求めず、苛立たず、人がした悪を心に留めず。

（Ｉコリント13章5節）

何事も利己的な思いや虚栄からするのではなく、へりくだって、互いに人を自分よりすぐれた者と思いなさい。それぞれ、自分のことだけでなく、ほかの人のことも顧みなさい。

（ピリピ2章3、4節）

現代人は総じて大変恵まれています。にもかかわらず、〝過度〟な苛立ちに陥ってしまうのはなぜでしょう。それは社会があまりに迅速化し、待ち時間ゼロの便利さに慣らされてきたからです。おかげで現代社会の力不足は何でしょう。それは「待つ忍耐と自制力」の貧弱さです。日本の鉄道は分単位で運行され、人々はわずかな遅れにも苛立ちます。

苛立ちの原因はいろいろですが、代表的なものを挙げてみると、第一は突発的な割り込みで自分の予定どおりに進まないとき。第二は時間がないのに同じ話を繰り返されるとき。第三は疲れと眠さで早く終わってほしいのに、講演者の自慢話が延々と続くときです。

では、こういう人にはどう対処したらよいのでしょう。放置すれば苛立ちの感情は他の人々にも「空気感染」ならぬ雰囲気感染していきます。それを防ぐためには、過度の緊張をほぐすことです。

それには、渦中の人の立場に立って、その人の普段の苦心や努力を感謝すること、次に自分がその人の立場だったらどうしてほしいかを考えることです。

お互いこの緊張と苛立ちの時代に、ひと工夫して、平和を造り出す人とされたいものです。

10　愛は人がした悪を心に留めず

礼儀に反することをせず、自分の利益を求めず、苛立たず、人がした悪を心に留めず。

（Ｉコリント13章５節）

また、人の語ることばを
いちいち心に留めてはならない。
しもべがあなたをののしるのを
聞かないようにするために。
あなた自身が他人を何度ものの しったことを、
あなたの心は知っているのだから。

（伝道者の書７章21、22節）

さて今あなたの心を去来する気がかりは何でしょう。それは人からの冷たい誹謗や中傷でしょうか。しかし聖書は「人がした悪を心に留めず」と教えています。人に反省は必要ですが、人のした悪を心に留めてはなりません。その否定的な感情から一刻も早く脱出することです。

ではどうしたらよいでしょうか。私がいつもしていることは、まず第一に自分はどうだったかを思い起こすことです。

「人の語ることばを／いちいち心に留めてはならない。……あなた自身が他人を何度ものしったことを、／あなたの心は知っているのだから」（伝道者の書7章21、22節）と聖書は言います。

「自分も昔はこの人と同じだった」と気づけば、悪の原因を人にばかり押しつけ、「俺がこうなったのは、親のせいだ。あいつのせいだ」と言い張ることはできません。神を知る以前の自分を思い出すときに、自分には人をさばく資格などないことを痛感します。そして、敵対者にも寛容になれます。

「愛は人がした悪を心に留めず」で行きたいものです。

11　愛は不正を喜ばずに、真理を喜びます

不正を喜ばずに、真理を喜びます。

（Ｉコリント13章6節）

真理のことばと神の力により、また左右の手にある義の武器によって、また、ほめられたりそしられたり、悪評を受けたり好評を博したりすることによって、自分を神のしもべとして推薦しているのです。私たちは人をだます者のように見えても、真実であり、人に知られていないようでも、よく知られており、死にかけているようでも、見よ、生きており、懲らしめられているようでも、殺されておらず、悲しんでいるようでも、いつも喜んでおり、貧しいようでも、多くの人を富ませ、何も持っていないようでも、すべてのものを持っています。

（IIコリント6章7〜10節）

どんな美談も雄弁も、それが真実でなければ時代の風雪に耐えられません。イエスは言われました。「ですから、わたしのこれらのことばを聞いて、それを行う者はみな、岩の上に自分の家を建てた賢い人にたとえることができます。雨が降って洪水が押し寄せ、風が吹いてその家を襲っても、家は倒れませんでした。岩の上に土台が据えられていたからです」（マタイ7章24、25節）と。

この家が倒れなかったのは、イエスの語られた真理のみことばの上に建てられていたからです。土台が真実でなかったら、すべてが崩され、流されてしまいます。

人生という一世一代の大事業も、その資材が見掛け倒しの不良品なら、すべてが水泡に帰するのです。キリスト者の一日一日は金、銀、宝石、または無垢《むく》材で仕上げられなければなりません。

神の家族はイエスの語られた真実と真理のことばの上に築かれなければなりません。純良な資材で手抜きなく建てられた真実の家は、時が経つほど輝くのです。だから不正を喜ばずに真理を喜ぶ者とされたいものです。

12　愛は絶えることがありません

愛は決して絶えることがありません。預言ならすたれます。異言ならやみます。知識ならすたれます。

（Ｉコリント13章8節）

こういうわけで、いつまでも残るのは信仰と希望と愛、これら三つです。その中で一番すぐれているのは愛です。

（Ｉコリント13章13節）

Ⅰコリント13章8節は「愛は〇〇しない」シリーズのまとめです。

お金は使えばなくなり、時間は何もしなくても過ぎ去ります。希望も、試練が長引けば薄れていきます。しかし「愛は決して絶えることがありません」とあります。なぜでしょうか。それは聖書が「神は愛です」（Ⅰヨハネ4章16節）と、神の本質を愛だと言いきっているとおりです。神ご自身が愛そのものであられるかぎり、神につながる愛が消滅することはないからです。

生まれながらの肉の人は、相手の態度次第でその愛が変化していきます。しかし神の愛は決して絶えることがありません。「神は愛」だからです。人の努力や決意だけでは愛は守ることができません。しかし神につながる愛は無限です。

「同じように御霊も、弱い私たちを助けてくださいます。私たちは、何をどう祈ったらよいか分からないのですが、御霊ご自身が、ことばにならないうめきをもって、とりなしてくださるのです」（ローマ8章26節）

助け主なる聖霊がついていてくださるかぎり、愛は決して絶えることがないのです。

人生の復路を行く人へ

13　今日という日のうちに

あなたの若い日に、あなたの創造者を覚えよ。
わざわいの日が来ないうちに、
また「何の喜びもない」と言う年月が近づく前に。
太陽と光、月と星が暗くなる前に、
また雨の後に雨雲が戻って来る前に。

（伝道者の書12章1、2節）

伝道者の書12章1～2節は人生の往路にある人、復路にある人、その双方への励ましです。

往路の人には「あなたの若い日に、あなたの創造者を覚えよ」と言い、復路の人には「わざわいの日が来ないうちに、また『何の喜びもない』と言う年月が近づく前に」と促します。

ある人々は、宗教は老人のためと思っているようですが、それは違います。聖書は「あなたの若い日に、あなたの創造者を覚えよ」と往路の走者を励まし、同時に復路の人にも、2節で「太陽と光、月と星が暗くなる前に」と警告します。

「月」とは人生の伴侶、「妻」を指し、そこに「星」とは、子どもたちもいる幸せな家庭を示唆していると思われます。

あなたの今あるその幸せに陰りが見えてくる前に、あなたの創造者を覚え、将来に備えて生きるようにと言うのです。今打つべき手をしっかり打っておくことです。なぜなら、わざわいの日は思いがけないときに、突如襲いかかってくるからです。

「雨の後に雨雲が戻って来る前に」。一難去ってまた一難は、人の世の常だからです。

14　その日には

その日、家を守る者たちは震え、
力のある男たちは身をかがめ、
粉をひく女たちは少なくなって仕事をやめ、
窓から眺めている女たちの目は暗くなる。

（伝道者の書12章3節）

人の子の到来はノアの日と同じように実現するのです。洪水前の日々には
ノアが箱舟に入るその日まで、人々は食べたり飲んだり、めとったり嫁いだりしていました。

（マタイ24章37、38節）

人は年をとると弱気になるものです。「家を守る者たちは震え」とは、心、意志、気力などが弱くなることだと思われます。「力のある男たち」とは背骨のことで、若いときには背筋がピッと伸びていたのに、年とともに「身をかがめ」、すなわち腰が曲がってしまうというのです。

「粉をひく女たちは少なくなって仕事をやめ」とは、歯が抜け落ちてよく嚙むこともできなくなるということです。「窓から眺めている女たちの目は暗くなる」とは、視力の衰えを意味し、物がよく見えないとの嘆きです。

「その日」とは、やがて万人が迎える老いの日のことです。今はすべてが守られていても、ある日突然、歩行や言語や記憶を奪われる日が来ないとはかぎりません。

私も老眼鏡の度数を上げ、聖書を大判にし、いろいろ工夫するのですが、すっかり視力が衰えました。八十歳を越えた頃から身体のあちこちに不具合を感じ、おまけにパーキンソン病までが発症し、予想もしなかった事態が次々に起こってくるのです。

だから聖書は、今すぐその対策に乗り出すようにと促すのです。

15　通りのとびらは閉ざされ

通りの扉は閉ざされ、
臼をひく音もかすかになり、
人は鳥の声に起き上がり、
歌を歌う娘たちはみな、うなだれる。

（伝道者の書12章4節）

家の主人が立ち上がって、戸を閉めてしまってから、あなたがたが外に立って戸をたたき始め、「ご主人様、開けてください」と言っても、主人は、「おまえたちがどこの者か、私は知らない」と答えるでしょう。

（ルカ13章25節）

「通りの扉は閉ざされ」とは何でしょう。それは人体の外界に通じる器官のことでしょう。「目」は衰え、「耳」は遠くなり、「声帯」も衰え、「鼻」の嗅覚も利《き》かなくなり、排泄器官も鈍くなります。「臼をひく音もかすかになり」とは、消化力の衰えを意味しています。

そして「人は鳥の声に起き上がり」とは、眠りが非常に浅くなることを言っています。人間年をとると不眠症になり、心地良いはずの小鳥のさえずりにさえ眠りを妨げられてしまうと嘆くのです。

次に「歌を歌う娘たちはみな、うなだれる」とは、声帯の衰えを言ったもので、若いときには村一番の歌い手であったのに、今はその自慢の声帯もすっかり衰え、声もまともに出なくなり、自信を失い、心も落ち込んでいるというのです。

そしてこれらのことは、皆あっという間に攻め込んで来ます。だからそうなる前の若いときから、あなたの創造者を覚えよと、警告を発しているのです。

天の大戸の閉じられる前にしっかり「神に会う備え」（アモス4章12節）をしておきたいものです。

16　人はまた高いところを恐れ

人々はまた高いところを恐れ、
道でおびえる。
アーモンドの花は咲き、
バッタは足取り重く歩き、
風鳥木は花を開く。
人はその永遠の家に向かって行き、
嘆く者たちが通りを歩き回る。

（伝道者の書12章5節）

「高いところを恐れ、道でおびえる」とは、人は老いると、まず足元がおぼつかなくなり、高い所や急な坂道、また速いスピードを恐れ、道でおびえるようになるということです。

「アーモンドの花は咲き」とは、アーモンドは春一番に白い花を咲かせますので、あっと言う間に白髪の老人になってしまうことの比喩と思われます。

次の「バッタは足取り重く歩き」とは、バッタには自慢の跳ね足があり、夏の間は快調に飛び跳ねているが、老いるとその自慢の足を重く引きずって歩くようになるということです。何とも悲惨な表現です。

「風鳥木は花を開く」は難解ですが、一説には風鳥木は当時強壮剤として用いられ、人は年をとってもその思いの花は咲かせますが、遂げることはできないという嘆きではないかと言われています。

「人はその永遠の家に向かって行き」とは死のことです。次の「嘆く者たちが通りを歩き回る」は、人は老いると心配性になり、毎日心配や後悔ばかりが思考の回路を去来するようになるが、そんな一生に終わらせてはならないと戒めています。

17　こうしてついに

こうしてついに銀のひもは切れ、
金の器は打ち砕かれ、
水がめは泉の傍らで砕かれて、
滑車が井戸のそばで壊される。

（伝道者の書12章6節）

主よ　お知らせください。
私の終わり　私の齢がどれだけなのか。
私がいかにはかないかを　知ることができるように。

（詩篇39篇4節）

「こうしてついに銀のひもは切れ」とは、老いとともにいろいろな器官が衰え、後悔や心配ばかりが心の内を去来し、ついに命の燭台をつるしていた銀のつりひもである寿命の鎖が切れること、次の「金の器は打ち砕かれ」とは、かけがえのない「いのち」が絶たれる日が来るとの警告です。

しかも「水がめは泉の傍らで砕かれて、滑車が井戸のそばで壊される」とあるように、あと一息で水の入った皮袋に手が届き、あと一歩で水がめが井戸にたどり着くという、その寸前で無念にも寿命の鎖が切れ、金の器であるいのちそのものが絶たれるという、なんとも悲惨な光景です。

だからそうなる前の今のうちに、あなたの創造者との関係をしっかり確立しておくようにとの警告です。

主は言われました。「わたしはぶどうの木、あなたがたは枝です。人がわたしにとどまり、わたしもその人にとどまっているなら、その人は多くの実を結びます。わたしを離れては、あなたがたは何もすることができないのです」（ヨハネ15章5節）と。

今なすべきことは、キリストにしっかり結びついていることです。

18　土のちりは元あったように

土のちりは元あったように地に帰り、
霊はこれを与えた神に帰る。
（伝道者の書12章7節）

今日、もし御声を聞くなら、
あなたがたの心を頑《かたく》なにしてはならない。
（ヘブル3章15節）

女から生まれた人間は、その齢が短く、
心乱されることで満ちています。
花のように咲き出てはしおれ、
影のように逃げ去り、とどまることがありません。
（ヨブ14章1、2節）

「土のちりは元あったように地に帰り、霊はこれを与えた神に帰る」。これは創世記2章7節の記事をなぞっています。そこには「神である主は、その大地のちりで人を形造り、その鼻にいのちの息を吹き込まれた。それで人は生きるものとなった」とあります。

聖書は「そして、人間には、一度死ぬことと死後にさばきを受けることが定まっている」（ヘブル9章27節）と教えています。

人生にはだれも避けて通ることのできない三つのことが定まっています。第一は人は皆一度死ぬということ。第二は人は死後に神のさばきを受けるということ。第三はそのさばきの結果で、永遠をどこで過ごすかが決まるということです。これを信じるか信じないかは各人の自由ですが、この三点は、すべての人に定められた現実です。

今や世界的な大企業の本田技研の創立者本田《ほんだ》宗一郎《そういちろう》氏は「飛行機は飛び立つときより着地が難しい。人生も同じだよ」と言っています。さっそうと離陸して、見事なアクロバットを披露しても、着陸に失敗すればすべては終わりです。さて、あなたはどこで永遠を過ごしますか。

結　び

こういうわけで、いつまでも残るのは信仰と希望と愛、これら三つです。その中で一番すぐれているのは愛です。

（Ｉコリント13章13節）

私たちの父である神の御前に、あなたがたの信仰から出た働きと、愛から生まれた労苦、私たちの主イエス・キリストに対する望みに支えられた忍耐を、絶えず思い起こしているからです。

（Ｉテサロニケ１章３節）

人は変わり、時代も変わり、生活環境も著しく変わっていきます。私は十七歳まで真実を探し求めていましたが、結果はいつも失望でした。十七歳のとき、パウロがアテネのアレオパゴスで語った「神は、天地の主ですから、手で造られた宮にお住みにはなりません」（使徒17章22～31節）の説教に大きな衝撃を受け、もっとこの方のことを知りたいという求道心が起こり、それから聖書を読み始めました。

主が十字架につけられたとき、敵対者たちは口をそろえて言いました。「〔この人は〕他人は救ったが、自分は救えない」（マルコ15章30、31節）。これは驚きの証言でした。

私がそれまで見てきた人はみな「自分を救って、他人を見捨てる人」ばかりでした。しかしこの方は「他人を救って自分を救えない」方、この方に自分の一生をかけていこうと決意しました。以来この方は、私の人生に日々生きがいを与えてくださいます。

聖書は言います。「この方に信頼する者は、だれも失望させられることがない」（ローマ10章11節）。「いつまでも残るのは信仰と希望と愛」（Ⅰコリント13章13節）

その愛を隣人の心にどれだけ残せるか、それが生かされている者の最大のテーマです。

吉持　章（よしもち・あきら）

1936年　愛知県生まれ。
1953年　岡崎城での天幕集会で回心。
1959年　日本クリスチャン・カレッジを卒業、
以来教師として、岡崎愛宕山教会、浜松中沢教会、大阪茨木聖書教会、平和台恵教会、館山教会を牧会。
米国バイオラ大学より名誉神学博士号を授与。
東京キリスト教学園理事長、学園長、日本同盟基督教団理事長、日本福音同盟理事長、スウェーデン同盟キリスト教団（いのちのことば社）理事長などを歴任。
子ども　長女　牧師夫人
　　　　長男　医師（元ネパール医療宣教師）
　　　　次男　牧師
著　書　『旅人の歌』『イエスの涙』『日々の宝』他多数。
趣　味　古伊万里の鑑賞。

聖書 新改訳 2017©2017 新日本聖書刊行会

坂道を前に
人生を走る人への声援メッセージ

2018年11月5日発行

著　者　吉持　章
印　刷　シナノ印刷株式会社
発　行　いのちのことば社
〒164-0001　東京都中野区中野2-1-5
TEL03-5341-6923／FAX03-5341-6925
e-mail:support@wlpm.or.jp
http://www.wlpm.or.jp

© Akira Yoshimochi 2018 Printed in Japan
乱丁落丁はお取り替えします
ISBN 978-4-264-04009-5